피는 꽃 지는 꽃

지성.감성의 메타언어
조선문학사시인선.938

피는 꽃 지는 꽃

허혜숙 시집

조선문학사

■ 책머리에_시인의 말

두 번째 시집을 발간하면서

  첫 번째 시집이 내 마음속 비밀창고였다면 두 번째 시집은 나의 음악세계였습니다.
  아마도 7년 전일 것 같은데 모 방송국 팬텀싱어라는 프로에서 강형호라는 아티스트의 「오페라의 유령」을 듣고 난 이후부터 시를 써야만 하는 이유를 알게 되었죠.

  번번이 실패하던 신춘문예…. 나에겐 절망이었어요. 그런데 팬텀싱어에 출연했던 강형호라는 아티스트를 보고 용기를 얻었습니다. 절망하지 않고 끝까지 버티며 우승까지 거머쥐는 그를 보면서 나도 할 수 있다는 용기가 생겨났습니다.
  그가 웃으면 나도 웃고 그가 울면 나도 울고…. 찬송가 외엔 대중가요를 듣는 것은 하나님께 죄를 짓는 것 같아 찬송가만 부르던 나를 '포레스텔라'라는 그룹의 음악으로 바꿔 놓았죠.

그래서 난생처음으로 가입한 팬 카페 게시글…. 이것이 문제였어요. 게시글을 써본 경험도 없고 해서 게시글 대신 시를 올리기 시작하게 되었죠. 많은 사람들이 댓글에 칭찬도 해주고 격려도 해주고 그때부터 저는 열심히 글을 쓰게 되었죠. '포레스텔라'의 음악을 들으면서 나 혼자만의 세계를 펼쳐가며 게시글에 올릴 시를 밤을 새워가며 써 내려갔어요.

그러던 와중 나를 응원하며 콘서트장을 함께 누비던 남편이 하늘나라로 떠나버리고 지금 나는 '포레스텔라'의 1집 앨범 수록곡인 「리멘시따」, 「마이에덴」을 들으면서 열심히 글을 쓰고 있답니다. 등단도 하게 되었고….

첫 번째 감사는 각 신문사 신춘문예 담당자님들
두 번째 감사는 '포레스텔라'의 강형호님
세 번째는 봉화문협 문우님들
마지막으로 P 교수님께 감사드립니다.

2024년 초동
허혜숙 씀

피는 꽃 지는 꽃 차례

책머리에_시인의 말 / 5

제1부 바람의 눈물

가을 노래 / 13
꽃잎 / 14
꽃나무에게 묻기를 / 15
빗소리 / 16
비의 눈물 / 17
잿빛 하늘 / 18
피는 꽃 지는 꽃 / 19
이 비 그치면 / 20
장미의 가시·1 / 21
장미의 가시·2 / 22
낙화 / 23
나무 / 24
아름다운 계절에 / 25
계절은 바뀌어 가는데 / 26
가을 풍경 / 27
코스모스 / 28
바람 불면 떨어지는 낙엽 / 30
꽃이 핀다는 것은 / 32
폭풍 / 34
바람의 눈물 / 36

제2부 나의 노래

어둠과 빛 / 39
천상의 목소리 / 40
홀로 가는 길 /41
아침 / 42
내 탓 / 43
나의 노래·1 / 44
나의 노래·2 / 45
나의 노래·3 / 46
성의 없이 심은 나무 / 47
아름다운 날에 / 48
떠오르는 태양 / 49
오늘은 / 50
새날이 오면 / 51
세상에 외치고 싶은 한마디 / 52
그리운 말 한마디 / 54
나의 기도 / 55
산다는 것 / 56
세월이라 마차는 / 57
이별은 그리움이래 / 58
공허한 날 / 60

제3부 내 마음속 색칠하기

당신의 목소리 / 63
철새가 되어 / 64

번뇌와 사랑 / 65
님의 목소리 / 66
꽃보다 아름다운 당신 / 67
인생이란 / 68
내 딸은요 / 70
신의 속삭임 / 72
불효자의 후회 / 73
해님과 달님 / 74
눈동자 / 76
삶 / 77
허물어야 할 달 / 78
기억 / 79
아침의 찬가 / 80
꿈 / 81
내 마음속 색칠하기 / 82
늙은이의 비가 / 83
빈자리 / 84
사랑하는 사람아 / 85
혼자라는 것 / 86
그리운 길 / 87
추억 / 88
엄마라는 것 / 89
너에게 하고픈 말 / 90
네가 떠난 후 / 91
방황 / 92
죄인 / 93
꿈길 / 94
나쁜 생각 좋은 생각 / 95

제4부 오늘 내가 사는 이유

기회 / 99
오늘 내가 사는 이유 / 100
해님의 당부 / 101
보고 싶다는 말 한마디 / 102
갈등 / 104
아름다운 편지 한 장 / 105
하모니 / 106
혼밥 / 107
욕망 / 108
미련한 입술 / 109
내일을 준비하는 사람 / 110
조리장의 선택 / 112
올무 / 113
새날의 노래 / 114
상처 / 116

제5부 시집 평설

내적동경의 승화미와 양극화에의
기대감_박진환 / 118

제1부
피는 꽃 지는 꽃

가을 노래

너의 노래 속에는
너와 나의 믿음이 보이고
너의 웃음 속에서
함께 있어 행복함을 느끼고
너의 눈물 속에는
우리의 몸부림이 보인다

계절이 가고 또 오기를
수없이 반복하건만

가을은
우리의 허전한 삶을
또다시 뒤돌아보게 한다
그래도 나를 뒤돌아볼 수 있어
행복한 계절
솔바람의 유혹에 잇대어 가려오

꽃잎

이른 봄 파란 새싹 하나
입술에 살짝 꽃잎 하나 물고
땅속에서 기어 나와

예쁜 모습 한껏 뽐내다 지쳐
땅 위에 예쁜 꽃잎 던지는데
거리에 뒹구는 꽃잎

부는 바람을 원망하리까
내리는 빗줄기를 한탄하리까
원망도 한탄도 다 부질없는 것

또 하나의 열매를
맺기로 약속하며
길가에 뒹구는 꽃잎이려오.

꽃나무에게 묻기를

울타리 장미 나무의
피아란 잎을 바라보며
아침마다 인사한다
너는
언제쯤 꽃을 피울 거냐고

옆에 말없이 서 있는
사과나무에게 묻기를
너는
언제쯤 열매를 맺을 거냐고

며칠 전 성의 없이
한 뿌리 떼어다
현관 앞에 심어 놓은
라일락 나무에게 묻는다
너는
벌써 꽃을 피우려 하느냐고

빗소리

창밖에 내리는 빗소리
양철 지붕 두드리듯 시끄럽다
그 안에 숨어 있는 많은 사연들

빗소리는
내 마음속 더럽혀진 원망의 그림자
슬픔의 그늘진 모습 원망의 통곡 소리
모두 합친 합창 소리

빗소리는 눈물 원망 다 씻어내리고
온 세상을 이렇게 두드리는 것이다

빗소리는 생기 잃은 나뭇잎
파릇파릇 생기 되찾고
예쁜 자태 뽐내던 꽃잎 하나 땅 위에 던지며

빗소리는 장대비 맞고 서 있는 꽃나무
한 알의 씨앗 감추게 하고
오늘도 빗소리는 슬피 울고 있는 것이다

비의 눈물

온 날을 추적추적 내리는 비
한 여인의 흐느낌이 들린다
한 서린 눈물
함께 울어줄 빗소리가 있어
더 서럽게 운다

흐느끼는 여인의 마음속
살짝 들여다보니
마음 한 켠 응어리진 상처
한 방울 한 방울
눈물방울 되어 흐르고

지지대던 새 소리도
들리지 않는데
빗소리는 우리 모두의
슬픈 노래이기에

바람 소리마저 숨죽이고
함께 울고 있는 것이다

잿빛 하늘

하늘은 잿빛으로 뿌옇게 덮이고
먼 산에 푸르름이
환하게 보이던
날도 있었건만

내 마음에 쌓인 먼지
색채를 드러낸 것일까
두 눈가에 주름이 잡힌다

여기저기 각자의
아름다움을 뽐내려
수줍은 듯 꽃망울을 터트린
아름나운 자연의 이름늘

이 하늘빛을 피하려 입 다물고 있다
영롱한 햇빛이 있어야
꽃잎에 화려함도 더할 텐데
잔뜩 찌푸린 이 날씨를
어찌할꼬 어찌할꼬

피는 꽃 지는 꽃

꽃피울 준비하는
장미 나무
꽃잎이 다 떨어져
열매 맺을 준비를 하는
사과나무

모든 게 싱그러운데
오늘도 이 싱그러운 노래가
커다란 웃음이 되는 날이었으면

피는 꽃 곁에는 지는 꽃이 있건만
나는 이미 열매 맺은 나무라
아름다웠던 꽃잎을 땅 위에
던져버린 지 오래다

내 자신
소멸되는 먼지 같을지라도
추수꾼의 추수할 시기를
기다리며 열심히 열매를
부풀리고 있는 것이다

이 비 그치면

온 날을 빗소리에 취해 가는 줄 모르고
마음속 그리움 하나 살짝 꺼내어 놓고
지난 사랑 이야기 추억 삼아 혼자 미소 지으며

이미 그쳐 버린 비에 노래
내 마음 한 줄기 눈물로 흐르는데
뒤돌아 추억 한 자락 잡고
사랑이 떠난 줄 알았구나

함께 있어 미워했던 세월
함께 있어 마음껏 사랑했던 세월

그서 그리운 얼굴로
가두어 놓았다가 가끔 꺼내놓고
비 오는 날 나 홀로 눈물 흘릴 줄이야

나를 홀로 두고 떠나야 할 이유가 있었을까
다시 돌아온단 약속 없어
비 오는 날이면 애끓는 마음
추억 속에 가두는 것이다

장미의 가시 · 1

한두 걸음 물러서서 너를 보니 아름답구나
울타리를 휘어감고 아름답게 피어난 너의 자태

아름다운 너의 자태에 내 마음 이끌리어
한 걸음 다가서니
꽃무리 속에 감추어 놓은 가시는
한 걸음 다가선 나를 멈추게 하는데

더 이상 가까이 할 수 없기에 안타깝구나
가시에 찔릴까 두려워서
뒷걸음질 치는 내 모습 또한 처량하구나

그저 예쁜 너의 모습만
눈에 가득 담자 마음 한 켠 가시에 찔려
아파했던 지난날 모두 잊으려
한 걸음 물러서서 그저 바라만 본다

몇 날이 지나면
땅 위에 뒹구는 안타까운 너의 모습이
눈에 아른거리어 눈에 담고 마음에 새기며
고개 숙여 향기에 취해 본다

장미의 가시 · 2

세찬 비바람에 못 이기듯 장미 나무 한 그루
무거운 짐 내려놓듯
많은 꽃잎을 땅 위에 쏟아놓는다

꽃잎을 떨구어낸 아픔에 눈물방울 훔치며
다시 올 봄날에 다시 오마던
약속 하나 믿고 긴 터널 앞에
우두커니 서 있는 나무 한 그루

잎을 떨구어낸 아픔에
가지를 위아래로 힘차게 뻗는다
긴 터널 지날 때 캄캄한 곳 한기 느낄 때
견딜 수 있는 단단한 가시로 포장하기 위히여

나를 찌르려는 모든 세력에 저항하기 위하여
열매 대신 가시를 선택한 것이다
다시 올 아름다웠던 봄날을 기다리며

떨어진 꽃잎의 슬픈 로망을 보며
단단한 가시로 포장하고
다시 피울 꽃날을 예비하는 것이다

낙화

몇 날 안 되는 화려함을
간직하려 그리도 몸부림쳤던가
꽃잎이 서서히 부는 바람에
시들어 가는 자태를 맡기려 한다

지는 꽃잎을 바람이 이곳저곳에 퍼 나르고 있다
땅 위에 뒹구는 꽃잎을 나는 밟아야 한다

어제까지 예쁘다며 칭찬하던 내 입술이
원망의 소리 가득한데
두 눈에 흐르는 눈물은 멈출 줄 모르는구나

인생이란 바로 이런 것이다
꽃잎처럼 화려한 날이 행복할 것 같지만
행복은 그리 길지 않은 것이다

한 잎 두 잎 화려한 꽃잎들이
내동댕이쳐질 줄 알았겠나
바람이 지는 꽃잎을 퍼 나르는 대로
따라가야 하는 꽃잎을 보며 두 눈 가득
고인 눈물방울 땅 위에 던지고 있는 것이다

나무

열매 속에 사연을 숨기고
푸른 산 중턱에 비스듬히 자리잡고
사계절을 보내는 나무는
봄에는 가장 화려한 꽃잎을
여름에는 열매를 감싸 안을 가장 푸른 잎새를

열매 속에는 무슨 사연이 있을까
잎새에 색칠하며 머지않아
낙엽이 되는 길을 연습한다
계절이 바뀌면 땅 위에 구르며
바람에 실려 날 수밖에 없는 그날을 어찌 맞으랴

화창한 봄날 꽃노래 부르며
한여름 뙤약볕 열매가 상처 입을라
그늘진 잎새 되어 있다가
찬바람 불면 낙엽의 길 가는

저 푸른 산 나무는
오늘도 세찬 비바람에
열매가 성처 입을까봐
더 푸르른 빛깔로 대응하고 있다

아름다운 계절에

날은 저물고
해님의 숨바꼭질
어둠만이 친구 되어

꽃샘추위 냉기 가득한 방구석
이부자리 한 자락
머리에 뒤집어쓰고 내일을 기다린다

골목 어귀 가득히 핀 연산홍
울 밑에 양귀비꽃
아름다운 모습을 드러내고
넝쿨장미 빨갛게 담장을 덮고

봄에 화려함이 하나 둘 내 주위를 수놓고
가장 아름다운 계절에 나의 모습
흰머리에 얼굴은 주름졌지만

마음속엔 한 땀 한 땀
너는 아름다워 아름다워
찬가 부르며 수를 놓는다

계절은 바뀌어 가는데

이글대는 태양이
걷자고 하네
나는 그만 멈추고 싶은데

흐르는 땀방울 닦아낼
손수건 하나 준비하지 못한
나를 조롱하듯 잡아끌며
조금만 더 걷자고 하네
나는 걸을 수 있는 힘이 없는데

화창한 봄날 땅 위에 던져버린
꽃잎의 아픈 상처도 아물지 않았는데
한 발짝 다가선 가을 문턱에
또다시 잎새에 색칠하고

잎새 속에 감추고 지내온 열매를 내주기 위해
이글대는 태양을 따라가려하네 온 힘을 다해

가을이란 쓸쓸한 계절을
마중하러 갑니다

가을 풍경

지난 밤 내린 비
길섶에 서 있는 나뭇잎
눈물 가득 머금게 하고

넓은 들판 들꽃이 예뻐
고개 숙인 벼 이삭

소멸되는 먼지 같이 꽃잎 휘날리며
파아란 아가 옷 벗어던지고
누런 황금빛 옷 갈아입는데

들길 모퉁이 노오란 들국화
짙은 향기 뿜어대고
하늘을 나는 잠자리 떼
국화꽃 위에 앉아
향기에 취해 일어날 줄 모르는데

바람의 노래따라
출렁이는 황금빛 물결 아름답구나

코스모스

가녀린 몸매 무리 속에 감추고
가장 좋아하는 색깔로 분칠하고
꽃 무리 속에 잇대어
함께 춤추고 노래하는
누군가 지어준 이름
코스모스

홀로 있을 때 아름다움보다
어우러져 함께 있을 때
더 아름다운 자태

흥겨운 듯 가을바람
노래소리에 함께 떼춤 추듯
하늘하늘 너의 모습 아름답구나

길가는 행인들
예쁘다며 다가와 입맞춤하고
무리 지어 피어 있는 꽃 무리
속삭이며 하는 말

아름다움이란
함께 어우러져 있기 때문이야

혼자가 아닌
색깔이 다른 꽃들이
어깨동무하고 춤추며
꽃물결 이루고 있기 때문이야

바람의 노래 따라 함께
떼창을 부를 수 있기에
아름다운 것이라고

바람 불면 떨어지는 낙엽

가을바람이
쓸쓸함을 몰고 왔다
푸르던 나뭇잎
푸른빛 아가 옷 벗어 던지고
울긋불긋 다채로운 색깔로 갈아입었다

혹여 예쁜 모습
땅 위에 내동댕이쳐질라
꼭 잡은 나뭇가지
마지막까지 몸부림치는 나뭇잎

심술궂은 가을바람 시샘하듯
나뭇가지를 마구 흔들어 본다
몸부림에 지친 나뭇잎
한 잎 두 잎 땅 위에 뒹굴고

힘겹게 매달려 있는
마지막 잎새마저 떨어뜨리려
가을바람은 더 세차게
나뭇가지를 흔들어 본다

힘없이 떨어지는 낙엽이 된 나뭇잎
우리의 인생 같거늘
힘겹게 매달려 몸부림쳐본들
바람을 이길 힘이 없구나

우수수 떨어지는 나뭇잎
푸르던 날 폭풍우가 내리쳐도
굳건했던 날의 기억은
예쁜 열매 속에 감추고
땅 위에 뒹구는 낙엽 되어
가을바람 따라 떠나는 것이다

꽃이 핀다는 것은

꽃이 핀다는 것은
머지않아 꽃이 진다는
가슴 아픈 소식이지요

꽃을 피우기 위해
지난겨울 설한풍 모진
매질도 견뎌내었지요

새싹이 움트고 꽃망울 터트릴 즈음
바람이 찾아와 조롱하듯
속삭이는 한마디
자랑질하지 마라

만개한 꽃 웃음 부러운 듯
비를 몰고 온 바람은 세차게
꽃나무를 흔들어봅니다

비바람의 이유 없는 공격에
눈물 가득 머금은
꽃나무는 예쁜 꽃잎들을

한 잎 두 잎 땅 위에 던지기 시작했지요
가지가지마다 눈물 자국만 남기고

꽃잎이 남기고 온 눈물 자국
그 안에 작은 씨앗이 숨 쉬고 있기에
꽃잎은 가지를 떠날 수밖에 없었지요

꽃이 핀다는 것은
머지않아 열매를 맺을 수 있다는
또 하나의 희망이지요
꽃이 진다는 것은 꽃나무가
예쁜 씨앗을 잉태했다는 증거지요

폭풍

온밤 너의 울부짖음에
두려움에 떠는 갓 피어난
새싹이 이리 피하고 저리 피하고

머지않아 아름다움을 뽐내려
꽃망울을 머금은 연산홍
이리저리 머리 흔들며
너를 두려워하는데

바람아
이젠 멈추어 주려무나
네가 성난 모습으로
세상을 흔드는 이유를
알지 못하는 자연이란 아름다움은
너를 피하려 이리저리
숨어 보지만 숨을 곳이 없구나

찬란한 아침 햇살
알몸을 드러내고
너의 공격에 항거하는데

즐거이 노래하는 새들의
노래소리가 듣고 싶지 않더냐

바람아
이젠 잠잠하거라
세상을 향해 몸부림쳐본들
남는 것 한 가지 아픈 상처
이젠 그만 멈추려무나

바람의 눈물

어제 불던 바람이 아직도
분이 풀리지 않은 듯 소리 내어 울고 있다

어제 온밤을 지새우며 울부짖던 모습을
아직도 잠재우지 못하고
아침 햇살 찬란하게 비추는데 울고 있는 것이다
너는 무엇이 그리 서럽고 억울하더냐

온밤을 지새우며 울었건만
아직도 울음소리 멈추지 못함은
나의 곁에 울어야 할 이유
나에게 전해야 할 그 무엇이 있던가

내가 답해줄 것이 없구나
그저 잠잠하라고 울지 말라고

갓 피어난 새싹이 너의 성난 모습에
아프다며 이리 피하고 저리 피하는
모습이 애처롭지 않은가
이제 그만 울음을 멈추어 달라는
부탁의 말밖에 할 수 없구나

제2부
나의 노래

어둠과 빛

짙은 어둠이 내 눈을 가리고
눈앞이 캄캄하고 가슴 시린 기억이
눈물 한 바가지 선물하니

꼭 감았던 눈을 뜨자
찬란한 태양이
눈이 부시도록 찬란하구나
또다시 눈을 감고
살포시 실눈 뜨고 세상을 보니
아름다워라 찬란한 빛이여

이 아름다운 빛을 보기 위해
그동안 두 눈을 꼭 감고
어둠 속을 헤매였던가

머릿속 많은 생각이
나를 어둠에 가두었구나
마음속 가르침이
어둠을 물리쳤구나
세월이란 굴레가 나를 변화시켰도다

천상의 목소리

천상의 목소리를 듣고 싶어
나의 고통을 허공에에 외쳐댑니다
소근대던 당신의
목소리 듣고 싶다고

내 마음 한 켠 자리 잡고
떠날 줄 모르는 당신을
불러 보지만 대답 없는 당신은
오늘도 메아리 되어
다시 돌아오고

번지수가 잘못된 나의 외침을
알 리 없는 당신은
오늘도 그리움만 하나 가득
선물하고 떠날 줄 모르는데

가슴에 든 멍 자국 부여잡고
다시 한번 외치기를
보고 싶다 듣고 싶다고

홀로 가는 길

가끔은
돌부리에 치이고
가끔은
세찬 바람에 부딪히고

혹독한 세파에
내 알몸 던져놓고
나는 온몸으로
맞고 있는 것이다

내 고통 중에
위로할 자 없고

원한다고 이루어진 일 없고
버린다고 잊혀질 일 없거늘
외로운 이 길을
홀로 가는 것이다

아침

아침이면 눈물 가득 머금은
길섶 가로수 나뭇잎
나를 지배하는 님의 얼굴

이름 모를 들꽃이 예뻐
고개 숙이고 속삭이듯
눈물방울 떨구고

다시 한번 고개 들어 하늘 보니
눈부신 햇살 가득한 눈물 거두고
새날을 노래하는 새들의
노래소리에 행복한
하루가 시작된다

내 탓

좋은 쪽이든 나쁜 쪽이든
그냥 받아들이자
알거지가 되는 것도 내 탓이요
부자가 되는 것도 내 능력이요
묵묵부답 홀로 가는 길

외롭다 한탄한들 내 이야기 들어줄 이 없고
마음속 짓누르는 짐덩이
내려놓고자 몸부림쳐

육신은 만신창이요
마음속엔 눈물이 강물을 이루고
외로움에 한숨지으며 슬피 우누나

웃을 수 있는 날이 있을까
너무 외로워서 너무 고독해서
사방을 둘러봐도 동행할 사람이 없구나

넓은 세상 나 홀로 걷고 있는 것도
모두 내 탓인 것을

나의 노래 · 1

우주와 같이 드넓은 세상
나의 꿈도 있고
너의 꿈도 있다

사랑이란 이름 찾아
이리저리 방황하며
내가 찾은 별 하나
사랑이란 별

이 별들이
반짝반짝 빛날 때
우리의 희망이 솟아날 것이다

가끔 밀려오는 슬픔이 밑거름 되고
가끔 흘린 눈물이 빛을 발하여

넓은 세계 우주 속으로
날을 수 있기를
나는 노래한다
나는 기도한다

나의 노래 · 2

새날을 꿈꾸는 자
내 노래가 슬플지라도
새들의 즐거운 노래가
나에게 슬프게 들릴지라도

햇빛이 찬란한 것은
나에게 희망이 있다는 것 아닌가

비가 오는 날 나는 울었다
햇살이 화창한 날 나는 웃었다

빛과 어두움의 차이를 스스로 해결하려는
나 자신의 표현이다

내가 빛 가운데 서서 웃을 때
세상은 즐거이 노래할 것이다
꽃들은 아름다운 꽃노래
바람은 살가운 바람의 노래
나는 행복의 노래를

나의 노래 · 3

내 마음이
눈에 보이는 세상을 노래한다
꽃길을 걸으면 아름다운 꽃의 노래를
예쁜 새 떼들이 지지대면
더 예쁜 소리로
내 마음은 노래한다

어두운 밤이면 간절함의 노래를
아침이 오면
내 발은 앞으로 전진하며
힘찬 행진곡을 부를 것이다

성의 없이 심은 나무

죽으면 죽으리라
체념하고 성의 없이
심어 놓은 꽃나무가
촉촉이 내리는 단비를 맞더니

삐죽삐죽 새싹을 내밀고 있다
아마도 뿌리를 내리고
꽃을 피우려나 보다

아마도 내년엔
내가 멸시했다고
조롱하듯 탐스런
꽃송이를 피울 것 같다

미안하다 꽃나무야
다시는 너를 가볍게 여기지 않으려니와
너를 더욱 소중히 여기리니
예쁘게만 피어다오

아름다운 날에

사랑의 아픔이 기쁨으로
이별의 슬픔이 마음의 위로로

눈에 보이는 아름다운 것들이
세월의 기쁜 노래로 다가와
많은 일들을 생각나게 하는데

울고 싶어라
실컷 울어보자
웃고 싶어라 맘껏 웃어보자

욕심이 낳은 죗값은
살면서
장대비 맞으며 씻으리라
내 마음 깊은 곳
사랑이란 정결한 새싹이 숲을 이룰 때까지

떠오르는 태양

태양은
붉은빛 찬란함을
눈이 부시도록 화려함을
동쪽 끝자락
서서히 불태우고

새들은 지지대며
지난밤 고뇌를
허공에 날리며
바람도 잠재우듯
희망을 꿈꾸는데

울타리를 휘어 감고 있는
넝쿨장미
빨갛게 꽃망울 터트릴
준비에 즐겁기만 한데

나는 오늘 사랑을 팔고
행복을 사려고
첫 발자국을 띠었다

오늘은

새들의 노래
꽃님의 환한 미소
붉은 태양의 걸음마 아침은 분주하다
이곳저곳 넓게 퍼지는
소망의 색깔대로 칠하고

아침이면 창가에 지지대는 새들의 노래는
어제는 눈물 나게 아팠는데
오늘은 괜찮겠지 하는 안도감에 긴 한숨 내쉬는데

정오쯤 붉은 태양은
붉은빛 세상으로 넓게 퍼뜨리고
못 둑에 쪼그리고 앉아
땀방울 훔치는 아낙네들의
미소가 꽃들을 대신하고
콧노래가 새소리를 대신한다

어둑어둑 자취를 감추려는 해님의 마지막 모습
노을 속에 감추고
못 둑길 지친 걸음으로 집으로 가는 길
아낙네들의 콧노래로 대신하며 오늘을 이별한다

새날이 오면

새날 가장 화려한 날
아침에 보는 태양은
내 두 눈을 직시할 수 없을 만큼
너무 화려해 두 눈을 똑바로 뜰 수가 없다

저 찬란한 태양 빛은 서서히
물결치듯 퍼져나가고
파란 하늘 위엔
물 위에 돌 수제비 띄우듯
띄엄띄엄 뭉게구름 띄우고

구름 아래 열심히 걸어가는 인생이란 그림자
가끔 어둠이 몰려와 두려움에 떨고
가끔 빛의 찬란함에 취해
히죽히죽 헛웃음 짓고

울지 말자 눈물 훔치며 구름 아래 열심히 걷는다
언젠가 구름 위의 내가 되는
나의 끝 날을 향해 오늘도 열심히 걷는다

세상에 외치고 싶은 한마디

하늘이여
땅이여
외치고 싶은
나의 외마디 소리
듣고 계시는지요

하고 싶은 말들 가슴에 묻고
살아온 세월
이제는 성난 표범의
우렁찬 목소리가
내 마음을 강타하듯
외쳐댑니다

세찬 폭풍우가 매질할 때
무심했던 당신
두려운 마음에
작은 소리 내어 부르면
대답조차 들을 수 없었던 당신

하늘이여

땅이여
내 마음속 눈물이 봇물을 이루고
온몸에 난 상처는
부풀어 올라 터지기 직전
큰소리 내어 외쳐봅니다

하늘이여
땅이여
잠시 쉬었다 가면 안 되겠냐고
잠시 웃으며 가면 안 되겠냐고
잠시 내 손 마주 잡고 위로해 주면 안 되겠냐고

그리운 말 한마디

내 마음속 한 켠에
남아 있는 한마디
보고 싶다고 보고 싶다고

내 이름 석 자 기억할 이유 없어도
내 얼굴 기억할 이유 없어도
행복했으면 좋겠어
사랑했으면 좋겠어

내가 간직한 그리움 하나
버리지 못하고 간직한 이유는
사랑하기 때문이야
보고 싶기 때문이야

인연이란 소중함 속에
기억하고 싶어서
그리운 말 한마디
보고 싶다 보고 싶다
혼잣말로 중얼거리며

나의 기도

어떤 날은 기뻐서 날뛰고
어떤 날은 슬퍼서 날뛰고

날뛰는 기쁨과 슬픔 사이로
내 잡은 손 꼭 잡고 가시는 아버지
어찌 하오리까 죄 많은 나의 인생

굽이굽이 아버지 은혜 아닌 것이 없거늘
목이 메어 부를 때
슬퍼서 눈물 흘리며 부를 때
헛된 욕망 다 내려놓겠다고 다짐하며 부를 때

아버지께서 항상 내 편에 계시고
위로해 주심에 감사기도 올립니다

비록 오늘 아버지께
풍성함을 드리지 못할지라도
나의 형편과 처지를 잘 아시는 아버지
나의 하루를 기억하여 주옵소서

산다는 것

작게 얻어지는 것이든 크게 얻어지는 것이든
성실에 의해 얻어지는 것

가난해도 성실하게 살면 부하게 되는 법
흠이 없다고 떠드는 말쟁이들의 수다 소리

그냥 무시하자 흠 없는 자 누구뇨
모두 죄인인 것을
말쟁이들 떠든다고 함께 떠들면 싸움꾼이 되는 것

말쟁이들의 이야기들을 귀가 열려 있다면
말쟁이들의 이야기 흘려보낼 귀를 열어두자

산다는 것
침묵하며 인내하는 것
말쟁이들의 수다에 미혹되지 않는 것

그저 성실함으로
하루하루 복을 쌓아가는 것이다

세월이란 마차는

나를 싣고 달리는 세월이란 마차는
멈출 줄 모르는구나

발버둥 친들 세월이란 마차는
나를 내려놓을 생각이 없구나
머리 위 하얀 서리 내리고
고왔던 얼굴 이리저리 주름이란 그림 그리고

그저 채찍을 휘두르며 가자고 한다
아프다 하면 참으라고
슬프다고 하면 울지 말라고 하며

세월아 우리가 가는 인생길
이리도 험한 길이더냐
이리도 슬픈 길이더냐
가끔 숨 고르기도 하고
세상 구경하며 서서히 가자꾸나

대답 없는 세월이란 마차는
오늘도 나를 싣고 열심히 달리는구나

이별은 그리움이래

이때쯤이면
다시 올 수 있을 거야
대답할 수 없었니

잡은 손 스르륵 빼며
조용히 눈을 감고
눈물만 흘렸던 너

너의 눈물 닦아주며
내가 건넨 말 기억하니
아프지 말라고 다시 만날 거라고

우리는 다시 만날 시간 장소
정해 놓을 수 없었지만
만날 수 있을 거라고

나는 오늘
추억 마당 한가운데
홀로 서서 너와 나의
지난날 아름다운 기억들

내 마음속 일기장에 그리며
대답 없는 너에게 건네는 말

사랑이란 그리움이래
이별이란 어제의 우리를
기억하는 것이래

보고 싶다는 말 한마디 너에게
할 수 있다는 것은 내일이라는
새날이 오기 때문에
이별은 그리움이래

공허한 날

무엇 때문에 열정이 식었는가
무엇 때문에 그리움마저 사라졌는가

화창한 날씨 나를 위로하고
시샘하듯 새소리 귓가에 가득한데
나는 무엇을 바라는가
어떤 희망도 내겐 사치인 듯
멍하니 푸른 하늘만 응시하고

담장을 휘감고 빨갛게 피어난 장미가
나랑 이야기하자고 한다
나는 아무 말도 하고 싶지 않은데
너의 화려함이 부럽고 나의 초라함이 서럽고

내가 활짝 핀 장미에게 묻는다
너는 어찌 그리 아름답냐고
몇 날 안 되어 땅 위에 뒹구를
너의 모습 생각해 보았느냐고

이유 없이 서러운 날
투덜거리는 언어로

제3부
내 마음속 색칠하기

당신의 목소리

천상의 소리를 들으려
나는 허공에 나의 고통을 소리 높여 외칩니다
번지수가 틀린 외침은
당신의 답을 얻을 수 없다

내 안에 오롯이 당신의
생각으로 가득할 때만이
당신은 대답할 것이다

나의 외침이 당신의 마음속 꿰뚫을 수 있을까
번지수가 틀린 외침은 아닐까
나의 생각 당신의 생각 틀린 점은 무엇일까

나 혼자만의 짝사랑 아닐까
불안한 눈빛으로 또 한 번 외치기를
나 지금 너무 아프다고

아픔을 당신이 대신할 수 없냐고
외치는 나의 외침을 알아챌 수 없는 당신은
오늘도 묵묵부답이구나

철새가 되어

잠시 숨소리 가다듬어
고개 들어 하늘 보니
철새들의 떼 지어 나는 모습
가는 곳이 어드메뇨

환한 미소는 어느새
허공을 맴돌고
또 한 번 고개 들어
휘
둘러보니 님의 모습 간데없고

머릿속은 추억으로 가득한데
혼자만의 지껄임
언제 당신이 날 알았소
언제 당신이 날 품었소

투정 부리듯 하는 말
대답 없는 당신은
또 다른 방주를 찾아 떠나는
철새가 되었네

번뇌와 사랑

기척도 없이 찾아온 당신
어디서 찾아왔을까
초조한 마음에 시간만 흐르는데

어느새 다가와 내 마음 헤집고
슬퍼마오 슬퍼마오
가려던 나를 뒤돌아보게 하는데

그리움이거든 말리지 마오
서러워 흘린 눈물
사랑의 손길로 닦아주겠다며
위로의 말 건네고

또다시 돌아서는 당신께
상처가 깊어 아파오면
사랑한 마음이 아프다고
사모한 마음이 아리다고
그래서 몸부림친다고
고백합니다

님의 목소리

떠나실 때 다시 오마던 님
내 마음속 울림으로 내게 다가와

낮은 소리로 묻기를
고난의 길을 두 눈에 담았느냐는 물음에
모든 고난 잊고자
다시 찾은 강가에서

가슴 메이는 아픔에
미움의 끈으로 한 번 묶고
절망의 끈으로 두 번 묶으니
나에게 눈물만 남더라

또다시 실바람으로 다가온 님
따스한 손길로 나를
휘감으며 속삭이듯 하는 말
너를 사랑해 너를 사랑해
사랑의 끈으로 나를 휘감으니
환한 미소만 남더라

꽃보다 아름다운 당신

당신이 꽃보다 아름다운 것은
상처받은 나에게
위로의 말을 건넬 수 있는
예쁜 입술을 가졌기 때문이야

당신이 꽃보다 아름다운 것은
내가 슬프다고 눈물 흘릴 때
함께 울어줄
맑은 눈동자를 가졌기 때문이야

당신이 꽃보다 아름다운 것은
곱게 빗은 나의 머릿결
쓰다듬어 주는 따뜻한
손길이 있기 때문이야

꽃보다 아름다운 당신이
내 곁에 있어 나는 행복한 거야

인생이란

인생이란
내가 부하게 살아도 보고
내가 가난하게도 살아보고
내가 건강하게 살아도 보고
내가 아파해 보기도 했지

내가 부하게 살 때는
많은 것을 지키려는
욕심덩이에 짓눌려
온날 육신에 고통을 느끼며 살았지

내가 가난하게 살 때는
많은 것을 내려놓았기에
뒤돌아볼 수 있는 추억을 먹고 살았지

내가 건강하게 살 수 있는 것은
내 등에 업고 다니던
욕심덩이를 내려놓았기 때문이야

내가 아파하는 것은

세상적 유혹의 단어들을
뿌리치지 못했기 때문이야

내가 행복할 수 있는 길은
등에 업고 다니던 짐덩이를
하나둘 내려놓았기 때문이야

내 딸은요

내 딸은요
얼굴이 예뻐요
목소리가 예뻐요
마음씨가 예뻐요

내 딸은요
환하게 웃는 모습이 예뻐요
카랑카랑한 목소리로
나에게 대드는 모습이 예뻐요
나와 동행할 수 있는 영원한 벗이기에 예뻐요

내 딸은요
내 얼굴에 잔잔한 주름살을
닮아갈까 봐 슬퍼요
내가 세상살이 힘들어 눈물 흘릴 때
우는 모습을 배울까 봐 슬퍼요

내 딸은요
내 얼굴에 그려진 주름살
어루만지며 예쁘다 하네요

밥투정하는 나에게
밥 한 숟가락 가득 담아 이것만 먹자
엄마 예쁘지

내 딸은요
나보고 아기가 되었다 하네요
세상 끝날까지 나는
내 딸아이 보호자로 남고 싶은데

신의 속삭임

사랑하는 아들아
마음이 아프더냐
사랑하는 딸들아
육신의 고통이 심하더냐

내 사랑하는 아들 딸들을
누가 신음하게 하는지
두 눈에 눈물이 마를 날이 없구나

검은 천으로 두 눈을 가린 듯
앞이 보이지 않을 때도
너희는 내 손을 놓지 않았기에

오늘은 내가 너희를 대신하여
우노니 천지를 적실 것을
오늘 내린 비는 내 사랑의 증표라
아픔도 슬픔도 다 씻기울 것이요

오늘은 내 사랑을
빗줄기에 종일토록 쏟아내리라

불효자의 후회

당신이 내게 주신 것이 너무 많은데
알지 못한 것이 너무 많습니다
당신께 용서받을 것이 너무 많은데
용서를 빌지 않은 것이 너무 많습니다

내가 당신께 드릴 것이 있는지
내가 당신께 받을 자격이 있는지
내 자신을 평가할 수 없기에
잊고 살 때가 많았지요

나의 모든 삶 당신께 의지하며 살았거늘
당신께 감사할 줄 몰랐습니다
그저 당연한 줄 알았지요

철부지 떼춤도 당연한 양 내 머리 쓰다듬던 당신
다시 볼 수 없기에
후회라는 대못 하나 가슴에 박으며

고맙다는 말 입안 가득히 머금고
두 눈에 고인 눈물 한 방울 두 방울 떨구며
용서를 구합니다 나의 어리석음 용서해 달라고

해님과 달님

흔들흔들 온몸을 흔들며
붉은빛으로 휘감고
동쪽 하늘에서 해님이 기지개 켠다

낮에는 달님이 보이지 않는다
밝은 미소 가득한
해님이 깔깔거리고 있다

무엇이 즐거운지
아마도 슬픔을 모르는 듯
두 팔 벌리고 양쪽 다리 번갈아 가며
해님이 춤을 추고 있다
웃기도 하고 소살거리며
온갖 수다를 떤다

두 눈에서 뿜어내는 열기는
온몸을 땀으로 적신다
온 날을 미치광이처럼
한판 잘 놀았다

밤이면 해님이 보이지 않는다
하얀 손 내밀며 밤의 정원으로
인도하는 달님이 살짝 내민 손
해님이 잡았기 때문이다

잠시 쉬어가자고
까만 주단이 깔려 있는
꿈길이라는 정원으로 함께 가자고
어깨동무하는 것이다

낮에는 해의 열정 때문에
달님이 보이지 않고
밤에는 달의 침묵 때문에
해님이 보이지 않는 것이다

눈동자

눈빛이 아름다운 것은
마음이 예뻐서
초점 잃은 눈동자
가없는 사연 숨기고
눈물방울 훔치는데

외마디 비명소리 뇌를 스치듯
힘없이 허공에
회심의 미소 띄우고

웃음소리가 어떻든
울음소리가 어떻든
기억조차 할 수 없는
많은 날들 추억으로 묻어 놓고

이 길일까 저 길일까 분간조차 할 수 없어
초점 잃은 두 눈은 멍하니
위로받고 싶은 마음에
창밖을 본다

삶

무엇을 얻으려는 것일까
정해 놓은 것은 없다
오늘 내가 숨 쉬고 있는 곳이
나의 전쟁터이다

오늘도 나의 손발이
열심히 움직이고 있지만
승리한 삶인지 알 수 없다

그저 오늘 전쟁 중에 얻은 것은
쉬고 싶다 쉬고 싶다
그래서 나는 휴전을 할 수 있는
밤을 기다린다
또다시 치러야 할 내일의
전쟁을 대비하기 위해

나는 이렇게 살아야 한다
가끔은 울고 가끔은 웃으며
삶과의 전쟁을 하는 것이다

허물어야 할 달

높은 담이 필요하더냐 나의 물음에
낮은 담이 필요하오

거기 누구 없소 나의 물음에
나 여기 있소

반기는 이웃이 필요하오
나는 네 안에
너는 내 안에 있어
높은 담 허물고

대화할 수 있을 만큼만
쌓아놓고 묻기를
거기 누구 없소
답하기를 나 여기 있소

내가 너를 도우니
네가 나를 도울 것이요
헛된 꿈 쌓아 올렸던
높은 담 헐어버리고

기억

돌아보니 남은 것은
아픈 기억들 행복했던가
내 살아온 길
슬픈 추억 가득한데

웃을 날보다 울어야 할 날이
더 많았던 것 같아
후회라는 점 하나 찍어놓고
억지웃음 지어본다

두 눈에 고인 눈물 떨궈내기 싫어
고개 들고 먼 하늘 바라보니
뭉게구름 어깨동무하고
비웃듯 깔깔대고 웃는데

힘이 들다 하니 더 힘들고
슬프다 하니 더 슬프다며
탄식하며 묻기를
웃어야 할 시간이 언제일까
나 지금 너무 슬픈데

아침의 찬가

어둠이 간다고 하네
화려한 빛줄기
태양은 떠오르고
화려한 빛줄기 온 세상 비추고

꽃들의 노래 새들의 합창
바람의 속삭임
모두가 즐거운 노래 흥얼흥얼

나도 한 가락 흥겹게 노래 부른다
오늘은 행복하자고
오늘은 감사하자고

인생길 힘들어 가끔은 찡그리고
내일은 웃어보자
하늘을 우러러 두 손 모으고

먼 하늘 대답 없는 당신께
외치고 또 외치길
감사하고 싶다고 행복하고 싶다고

꿈

내 꿈은 별이 될 것이요
내 꿈은 달이 될 것이요
내 꿈은 해가 될 거이요

우주 안에 숨 쉬는 우리는
많은 이야깃거리가 있지만
가끔 허공을 향해 울부짖을 때도 있다

나는 새 부러울 때
아름다운 꽃이 부러울 때
이제는 울지 말아야지
하는 것이 꿈을 부여잡는 것이다

나는 누구일까 너는 누구일까
우주공간 어딘가에 숨어 있는 꿈을 찾아
오늘도 헤매는 것이다

오늘이 가면 내일이 오고
내일이 오면 또다시 새로운 꿈을 꿀 것이다

내 마음속 색칠하기

계절은 온 세상을
아름다운 무지개 색깔로 색칠하는데
내 마음속 그리움이란 색채는
그저 짙은 회색뿐이다

빨갛고 푸르른 색채는
아직 내 마음속에
자리 잡지 못하고 있다

이제는 서서히
아름다운 나만의 색깔을
선택할 때도 되었으련만
나에게 선택할 권리가 없다

그저 먼 하늘 바라보며
보고픈 마음 하나 띄우고
사랑하고픈데 사랑할 수 없는
현실에 또 한 번
짙은 색으로 색칠한다

늙은이의 비가

온몸이 한평생
간직한 상처로 무너져 내리고 있다
긴긴밤 홀로 외로워
입술 안에 외마디 비명소리 가득 머금고

얼마나 아프냐고
묻는 이조차 없는 이 밤
누가 나를 위로할까
내 스스로 위로하지 뭐

인생이란 다 빈손으로 왔다
되돌아가는 것
부족하면 어떠리
물 한 모금 건네줄 이 없거늘

그냥 외로우면 외로운 대로 살지 뭐
눈물이 흐르면 울면서 살지 뭐
가슴이 저리면 부여잡고 살지 뭐
얼마 남지 않은 인생
그냥 그렇게 살자 구려

빈자리

아침이면 즐거운 듯
창가에 앉아 노래하는 새들의 노래
즐거운 노래일까
슬픈 노래일까

알 수 없는 지저귐에 하루가 시작되고
아침 햇살은 대문을 나서는
내 눈을 부시게 하는데

무엇을 생각하는가 가지려 하는 욕심 때문에
마음 한 켠 빛을 가리우는
장애물 하나둘 지워가며

인생의 수레바퀴
열심히 밟고 가는 나
슬플 때 서럽게 울고
기쁠 때 환하게 웃으며

가슴속 진한 멍 자국 하나하나 지워가며
소망으로 채워가리 사랑으로 가두어가리

사랑하는 사람아

눈 뜨면 멀어져가고
눈 감으면 내 곁에 있는 듯
당신의 음성은 내 곁에 머물고

한날 한날 잊혀져 가는
당신의 모습
바람의 슬픈 노래로
내 가슴에 스미는데

오늘도 그리운 이름 석 자
불러보고 또 불러보며
외로움 한자락 허공에 날리고
지그시 눈 감으니 떠오르는 당신의 모습

그리움이라 말하리까
나의 아픈 사랑이라 말하리까
그대와 함께한 날이
나에겐 행복이었소
그대와 다투었던 수많은 날들이
나에겐 사랑이었다고

혼자라는 것

종일 벙어리처럼
입 다물고 머릿속에
수많은 생각만 가득한데
가끔은 두렵다
외로움에 떠는 내 모습이

내 자신을 자책하지 말자
선한 싸움을 해야지
세월은 자꾸 설움의 날로 쌓여 가는데

즐거웠던 그때를 기억하자
환한 미소 띤 내 얼굴을 기억하자
즐거운 표정보다 부표정한 날이 더 많을지라도

사랑할 사람은 많으나
나를 사랑해 주는 사람 없을지라도
세월이란 수레바퀴 돌릴 때마다
그리운 추억 하나씩 묻어가면서
나 혼자서 울고 웃기를 반복하는 것이다

그리운 길

오늘을 나는 사랑하리
오늘을 나는 기뻐하리
지난날 아팠던 기억이
눈물로 비가 되어 흐르듯
그리운 마음 하나 마음속에 가두고

내일은 그리워하던
님을 만나러 가리
그대와 시작했던 그길로 다시 돌아가리
만날 수 없을지라도
내 마음 전할 수 없을지라도

그저 그리움 하나 가득 내 품에 안고
그대와 걷던 길을 다시 찾아가리
다시는 올 수 없는 내 모습
당신에게 전하고파
당신과 시작했던
그리움 가득한 그 길을 다시 찾아가리

추억

언제였던가
내가 웃을 수 있었던 날들이
기억이 나질 않는 이유는
당신이 내 곁에 없기 때문이다

기억이 나질 않아
멍한 나의 두 눈에 고이는 눈물방울
또다시 슬픈 기억 하나
헤집어내는구나

화창한 봄날 꽃들의 예쁜 손짓들
아름다웠던 일들을
기억하라고 환하게 웃지만

나의 님들이 떠나고 없는 빈 공간에
나 홀로 서러워 휑한 가슴 부여잡고
흐느끼는 것이다

엄마라는 것

엄마라는 것
하고픈 말이 많아도
침묵해야 되고
가슴이 저리고 아파도
여윈 손 가슴 때리며 참아야 하는 것

때론 천둥 번개 소낙비를 온몸으로 맞으며
가끔은 하얀 눈밭을 맨발로 뛰어다녀도

여기저기 찢기어 상처난 곳을
치유할 여유도 없이
걷고 또 걸어 이곳까지 왔건만

남은 것 하나 그리움
내 품 안에 곤히
잠들었던 아가들은 다 떠나고
보고픈 마음에 오늘 밤도
불러보는 이름들

너에게 하고픈 말

우리 조금만 더 이해하며 살자
우리 조금만 더 양보하며 살자
우리 조금만 더 사랑하며 살자

네가 나를 버릴 수 없듯이
나도 너를 떠날 수 없다는 것
너도 알지 않겠니

우리 조금만 더 믿으며 가자
우리 조금만 더 의지하며 가자
우리 조금만 더 위로하며 가자

네가 내 곁에 있을 때
나는 행복했다고 말할 수 있기를
네가 내 곁에 있을 때
나는 환하게 웃을 수 있기를
내가 너에게 가장 하고픈 말들이야

네가 떠난 후

아무 말도 없구나
나는 할 말이 많은데
그저 표정만 곁눈질로
눈빛만 봐도 알 수 있건만
나는 말을 할 수 없구나

너는 아무 말 없이
훌쩍 떠나고 또다시 나 혼자
머릿속에 하나 가득 가두어 놓았던 이야기

너를 사랑해 너를 사랑해
이 말 한마디 건네고 싶었는데
눈빛으로만 표현하고 아무 말 하지 못해서
또다시 그리움에
마음 한구석 상처만 더하는데

이 날일까 저 날일까
기다리는 수많은 날들을
네 앞에서 아무 말 못하는 나는
오늘도 그리움이란 모래성을 홀로 쌓고 있구나

방황

이 생각 저 생각
그냥 나 혼자
방황의 길을 선택했다

나의 방황 길엔 친구가 없다
그냥 홀로 가는 길
외로우면 어떠랴
눈물이 나면 어떠랴

나에게 주어진 길
이 길이 나의 길인데
가끔은 울어도 보고
기끔은 웃어도 보면서

흐르는 세월에
그냥 한 발 두 발 따라가는 길
오늘은 이만큼만 슬퍼하자
오늘은 이만큼만 웃어보자
나 홀로 약속해 놓고 따라간다

죄인

나는 죄인이요
내 눈은 아름다운 세상을
볼 수 없는 맹인이 되었소
내 귀는 아름다운 소리를
들을 수 없는 귀머거리가 되었소

내 마음은 원망과 미움의
가시로 상처투성이 된 패잔병이 되었소

부질없는 욕망 가득 등에 지고
고난이란 언덕길 걷다 보니 다리는 망가지고
절름발이 같이 절뚝절뚝
예쁜 걸음으로 뛰던
나의 모습 언제였던가

나는 죄인이요
죗값을 치를 때까지 나는 울어야 하고
부질없는 욕심덩이
하나둘 내려놓으며 나는 웃어야 한다

꿈길

지난밤 꿈길에서
만나고 싶었던 너의 모습
나 홀로 방황하는 외로운 길이었네
꿈이라도 나를 위로하려나

깊은 잠 깨지 않기를 갈망하던 나는
또다시 이루지 못한 꿈을 잡으려고
꿈길을 걷는다
어둠이 물러서지 않아 두 눈 꼭 감고

나를 반겨줄 누구 없을까
두 눈 꼭 감고 이 생각 저 생각
좋은 꿈꾸기를
한세상 살면서 이루지 못한 꿈

꿈길에서라도 이루려 잠을 청하니
손에 잡힐 듯 잡히지 않는
그 꿈을 잡으려 긴 밤 보내고
아침에 눈 뜨니 햇살이 눈부시구나

나쁜 생각 좋은 생각

조금만 더 쉬자 내 몸은 소중하니까
너는 아마도 내가 부려도 돼
혼자만의 착각

이 세상 소중하지 아는 삶은 없는 것
네가 나를 부리려면
너는 열 배의 노력이 필요한 것

남의 것을 뺏으려는 욕심
너를 멸망의 길로 뜀박질하게 하는 것

서로 양보하고 서로 위로하고
남의 일을 내 일처럼
대신할 수 있는 자만이 승리할 수 있다는 걸

모르고 지나치면
외로움이 사냥하러 올 것이요
알고 손발을 열심히 움직이면
기쁨과 소망이 성큼성큼 다가올 것이다

제4부
오늘 내가 사는 이유

기회

당신과 나누던 많은 이야기
내 마음 한 켠에 담아 놓았다

마음속에 남은 것 끊지 못함은
내겐 소중한 것이요
끊지 않는 이유가 있다면
내겐 가장 아픈 상처가 있기 때문이다

나에게 소중하다는 것은
가장 슬픈 고통을 준다

돌을 던질 것이냐 사랑하라
사랑하는 사람에게 돌을 던질 수 있으랴
돌을 던질 수 없는 것 용서할 기회를 주는 것

내가 끊어야 할 것은 죄를 끊는 것이다

사랑의 법도를 지킬 것이며
사랑의 매질도 맞을 것이며
더 깊은 사랑을 기다릴 것이다

오늘 내가 사는 이유

동이 틀 무렵 잠시 상쾌한 생을 느끼고
부산한 몸짓으로 하루를 시작하니
이제 모든 것의 시작

언뜻 스치는 묘한 생각들
그 속에 내 꿈은 실현되어 가고

어느새 해는 중천에 떠
성난 날짐승의 주둥이가 되어
뜨거운 열기로 공격하는데
머릿속은 지끈지끈 선과 악이 교차하는구나

이것이 삶인 것을
가끔은 날짐승의 먹이가 되고
가끔은 용광로의 쇳물이 되어도

그저 그렇게 질고의 고통을 겪으며 살자
누가 왜냐고 물으면
대답하노니 내일 내일이 있기 때문이라고

해님의 당부

이른 아침 해님이
나보다 앞서 기지개 켜고 일어나
내 창문을 기웃거리고 있다

온 세상을 깨우고 환한 웃음 짓던 해님
뜨거운 열기 뿜으며 오늘 하루 열심히 살자고

어떤 이는 나무 그늘을 찾아
베짱이와 노래할 것이요
어떤 이는 이마의 땀방울
훔치며 손발을 열심히 움직일 것이요

가난한 자와 부한 자의
갈림길을 놓고 갈등할 것이다

온 날 뜨거운 열기를
뿜어내던 해님 서서히 열기를 식히려 강물 속으로
붉은 노을 병풍 삼아 서서히 사라지고 있다

내일 아침 다시 오마 약속 하나 던지고

보고 싶다는 말 한마디

보고 싶다
말 한마디 건네고 싶지만
내 애야기 들어줄 사람이
내 곁에 없다

내가 외롭다고 한들
나의 외로움 함께 할 이 없거늘
보고 싶냐고 내가 나에게 묻는다
지금은 어디서 무엇을 할까
알 리 없거늘 꼭 한번 보고 싶다

내 곁을 떠나야 할 이유 있었다면
너를 꼭 힌번 민나 줄 이유도 있으린만
그리움이란 허상만 남기고 떠난
당신이 더 보고 싶다

이제 와서 무슨 말을 하리요
다 부질없는 것 혼자만의 독백 속에
보고 싶다는 한마디
설움의 말이거든 눈물로 답하고

항변할 용기조차 잃어버린 나
가슴속 차곡차곡 쌓아놓은
많은 이야기들 너에게 하고 싶지만
변명할 이유조차 망각한 나는

외로움이란 담장 안에 갇히어
보고 싶다 혼잣말 중얼거리며
눈물방울 떨구고 있는 것이다

갈등

너를 알기에 양보할 수 없었던 것은
너를 사랑하기 때문이야

나의 생각 너의 생각 부딪히는 꼭짓점은
너와 나의 전쟁이야

아픈 말 한마디 감추지 못하고
발설한 내 입술 또 하나의 죄를 짓는 거야

오늘 하루 선악을 구별하지 못하고
악을 행하면 후회만 남고
선을 행하면 기쁨만 남는 거야

발설하고 싶은 많은 이야기들
꼭 다문 입술 안에 감추고
침묵하는 것은 너의 승리야

하얀 치아 드러내며 활짝
웃는 너의 모습이 아름다운 것은
함께 있어 행복하다는 증거야

아름다운 편지 한 장

어느 날
어두움이 빛 가운데로 나오니
세상은 파란색, 노란색, 빨간색
아름다움으로 색칠하는데

아름다운 꽃무리
나의 마음 당신의 마음이거늘
꽃잎 위에 고인 눈물
내 눈에 고인 눈물 같아

내 마음속 안개비
당신을 향한 그리움이라
슬플 때 슬프다고 말할 수 있어요
기쁠 때 기쁘다고 표현할 수 있어요

당신이 있기에
아름다운 편지 한 장
솔솔 부는 바람 편에 전해드려요

하모니

나는 팔딱팔딱 뛰는 개구리
너는 천천히 나를
위협하며 다가오는 비단구렁이

팔딱팔딱 뛰다 지치면 죽는 거야
너무 천천히 시간을 망각하고
게으름 피우면 놓치는 거야

나는 뜨거운 불 위의 양은냄비
너는 뜨거운 불 위의 묵직한 뚝배기

바르르 뚜껑을 흔들며
발비둥치면 속이 다 **타는** 거야
약한 불에 오래 견디면 뜸이 드는 거야

인내하며 속도를
조절하는 것이
우리네 인생의 묘미인 것이다

혼밤

까만 밤
조용히 눈을 감고
머릿속에 하얀 도화지
한 장 펼쳐 놓았다

무엇을 그려 넣을까
나만을 비추는
하얀 등불을 그려 넣을까
그 빛 아래 수줍은
나의 모습을 그려 넣을까

망설이다 어두운 밤이 싫어
눈을 감을 수 없기에
그저 뜬눈으로 새지요

수많은 추억 소환하고
하얀 여백 메우려 애써 보지만
오늘 밤
점 하나 찍지 못하고
그저 뜬눈으로 새지요

욕망

빛의 세상
두 눈에 보이는 아름다운 것들
욕망에 이글대는 눈동자
빛의 찬란함에 눈부셔
실눈 뜨고 온 날을 보낸다

또다시 찾아온 어둠은
세상을 고요 속에 묻어 버리고
실패의 원인을 생각해 본다
내가 왜 이랬을까

또다시 욕망의 전차를 타고
빛의 승리를 기원하며
꿈길을 헤매고 있다
내가 왜 이럴까

가끔은 꿈길을 그리워하고
가끔은 빛의 길을 그리워하며
온 날을 작은 신음소리 부는 바람에 날리고

욕망이란 전차를 타고 질주하는 것이다

미련한 입술

내 노래는 무엇일까
내 생각은 무엇을 하고 있나
소리 내지 못하는 미련한 내 입술

슬프다 절망이다
미련한 내 입술의 노래
생각은 항상 나는 왜 이럴까
어찌해야 하나 의문부호 찍고

머릿속에 채워진 얼룩진 모습들
눈에 보이는 세상은
아름답기 그지없건만
두 귀에 들리는 노래소리는
행복을 읊조리는데

나의 미련함이
나의 나약함이
내 생각이 나를 어둠 속에 가두고 있구나
세상은 밝고 행복하기만 한데

내일을 준비하는 사람

우리는 내일의 약속이 있다
약속을 이룰 때까지
인내해야 한다는 법칙도
고난을 이기는 이유이다

곡식은 씨 뿌리는 봄
가을에 열매 맺을 것을 약속하듯
하나의 규칙을 부여한다
여름이란 고난의 터널을
반드시 통과해야 한다고

우리에게도 내일의 약속이 있다
고장난 세월이란 빈 수레
대장장이 앞으로 끌고 오라는

세월이란 고장난 빈 수레
끌어 보려고 안간힘을 써보지만
끌려오지 않는다
이쪽이야 하면 저쪽으로
저쪽이야 하면 이쪽으로

하지만 대장장이 기다리고
있는 곳까지 끌고 가야만 한다
고장난 빈 수레를 고쳐 주겠다는
약속이 있기에

나는 열심히 고장난
빈 수레를 끌고 있는 것이다
내 지금 받는 고난이
장차 받을 영광이기에

조리장의 선택

빨간색 노란색 파란색
여러 가지 아름다운 색채로 예쁜 단장한 재료들
조리장의 선택을 기다리고 있다
조리장의 눈초리가 맵섭다

요것을 선택할까 아니지 또 뒤적뒤적
그때 조리장 앞에 준비된 계란물을
유심히 쳐다보던 김말이

저요 조리장님 튀김옷을 온몸에 분칠하고
조리장의 선택을 기다린다
뜨거운 기름탕에 들어가기 위하여

조리장의 손놀림이 분주하다
어떤 재료는 기름탕으로
어떤 재료는 달궈진 후라이팬 위로

조리장 이마의 땀방울이
얼마나 고심했는지 알 수 있다
또 다른 모습을 보기 위해
고심하는 조리장의 모습에 그저 감탄할 수밖에

올무

올무가 놓인 곳
후각을 훔치는 냄새가 난다
생기 없는 꽃들이 화려한
세상의 색깔로 분칠하고
주단을 깔아놓은 듯 매끄러운 길

올무가 없는 길 은은한 자연의 향기가 난다
화려하지 않지만 생기 가득한 꽃들이 있다
길 위엔 흙먼지 날리고 울퉁불퉁 비포장도로

올무가 놓인 곳 깔깔대는 조소
미혹의 언어들로 가득하다

올무가 없는 곳
눈물도 있고 위로 섞인 이야기들이 가득하다

내가 선택한 길
올무가 있는 길이냐 없는 길이냐
올무가 없는 길을 선택했기에
아직은 힘들지만 버틸 수 있는 것이다

새날의 노래

어두운 밤 울부짖던
바람은 어디로 갔느뇨

아름다운 새 떼들의
노래도 삼키어 버렸던
지난밤 바람의 폭동
이제 안정을 찾은 듯

눈이 부시게 찬란한
태양은 떠오르고
창밖엔 아름다운
새들의 합창 소리

아직은 물러서지 않은
겨울의 마차 소리가
어디로 자취를 감출까
찬란한 태양을 피해
서두르고 있다

지난밤 바람의 폭동이 두려워

깊은 잠으로 위장했던 나는
이 아침 찬란한 햇빛과
아름다운 새들의 합창 소리

오늘은 기쁜 날
오늘은 행복한 날
마음속 간직한 악보를 꺼내 들고
새날의 노래를 함께 부를 것이다

상처

당신을 보낼 수 없었어요
내 입술로 쏟아낸 말들이
당신께 상처가 될까 두려워

사랑이란 웅덩이에 빠지고 싶었어요
당신을 온전히 그리움이란 추억에 가두고 싶어서

미움의 끈으로 묶어두었던 보고 싶다는 말 한마디
이제야 풀어놓으렵니다
조각조각 찢기워져 가슴에 피멍으로 남은 상처
나 홀로 위로받기 위해

이별 통보 없이 떠난 당신
눈물 속에 쌓아두었던 추억
기쁨 속에 쌓아놓았던 추억의 끈으로 엮어
사랑이란 웅덩이에 던져놓고

당신이 보고 싶을 때 그리움이란
바가지에 담아 내 정수리에 부으며 외치기를
보고 싶다고

제5부

시집 평설

■ 시집 평설

내적동경의 승화미와 양극화에의 기대감

박진환
(시인·문학평론가)

1. 전제

데뷔 반년도 못 돼 두 권의 시집을 엮어낸다는 것은 쉬운 일이 아니다. 첫째는 시가 있어야 엮을 수 있다는 점에서 매우 치열하게 시작에 전념했음을 보여주는 것이어서 박수에 값하고, 또 하나는 시집으로 묶어 습작기를 비롯한 그간의 시작들을 정리함으로써 새로운 변신이나 새로운 출발의 계기를 삼고자 한다는 점에서 또 한 번 박수에 값할 수밖에 없게 된다.

허혜숙 시인이 두 번째로 상재한 시집 『피는 꽃 지는 꽃』은 지난 7월에 상재한 바 있는 첫 시집 『너울춤』에 이은 두 번째 시집이 된다. 첫 시집에 이어 3개월 만에 또 시집을 엮어낸다는 것은 누구나 누릴 수 없는 선망에 값하기도 하지만 그간의 시에 대한 치열성과 치열성만이 연마하고 숙성시켜 형상화로 제시할 수 있다는 점에서 매우 부러운 내공의 힘을 지니고 있다고 여겨져 부럽기까지 하다.

시집 『피는 꽃 지는 꽃』은 첫 시집 『너울춤』과 함께 엮어 1, 2 분권으로 엮어냈어도 무방할 만큼 시역이나 시의 발상, 시의 분위기, 시로써 실현하고자 하는 바를 같은 발상에서 시를 출발시키고 있어 쌍둥이 시집으로 보아주어도 무방할 듯싶은 시집이다.

3부에 나누어 90여 편의 시를 수록하고 있는 시집 『피는 꽃 지는 꽃』은 시집 제목에서부터 몇 가지 암시역을 제시해 주고 있다고 보여진다. 그것은 '피는 꽃'은 시인의 바람하는 소망사고나 염원, 그리고 동경하는 바를 함의하고 있다고 여겨지고, '지는 꽃'은 생자필멸이라는 사별에서 체험해야 했던 여러 아픔과 슬픔, 그리고 그리움 같은 것을 발상으로 시를 출발시키고 있다고 보여졌기 때문이다. 그리고 이러한 발상들은 앞의 시집 『너울춤』과 시적 본질, 분위기는 물론 시가 환기시켜주는 여러 바탕의 동질성을 보여주고 있어 첫 시집 『너울춤』과 두 번째 시집인 『피는 꽃 지는 꽃』이 마치 한 뿌리에서 태어난 두 얼굴같이 보여지기도 한다. 이런

소이로 해서 시집 평설은 시의 평가치보다는 시인이 관심해야 할 새로운 시에의 도전을 위한 응원이 되었으면 싶고, 이 점에서 몇 가지 당부를 곁들여 주는 것도 평설 못지않게 시적 의미를 지닐 듯싶어 방점을 찍을 것들을 제시해보고 싶다.

2. 새로운 시법에 도전

시법하면 잘못 받아들이기 쉬운 배타성 반응을 경험한다. 소이는 시에 무슨 법이 있다는 말인가, 시가 무슨 공식인가, 그래서 공식에 맞춰 쓰면 된다는 말인가 하는 거부반응에 직면하기도 하기 때문이다.

물론 시에는 공식이란 게 없다. 그러나 주어진 시대에 따라 그 시대를 담아내는 용기(容器) 구실을 하기 위해서는 주어진 시대가 드러내주기를 요구하는 시대정신이랄까? 시로써 실천 내지 실현해 주기를 희망하는 시대적 주문을 수반하기 마련이다.

해서 시법이라는 것은 시의 공식이 아니라 그 시대가 담아내 주기를 바라는 바를 어떻게 드러낼 것인가 하는 방법론을 두고 한 말이게 된다. 그렇다면 오늘의 현대라는 주어진 시대가 담아내 주기를 바라는 바는 무엇이고, 또 어떻게 드러내야 시대적 요청을 담아낼 수 있을 것인가가 제기된다.

여기에서 제시될 수 있는 것이 드러냄의 방법으로서의 현대시법이다. 현대시법을 한마디로 제시할 수는 없다. 그러나 몇 마디로 요약해서 집약적으로 제시할 수는 있다. 이른바 낯설게 쓰기라거나 형이상적 시법이라거나 변용의 시법 등등은 현대시법을 대표한다는 점에서 제시될 수 있는 방법론들이다.

이를 이론적 근거로 제시하면 릴케의 체험시론이나 엘리엇의 정서로부터의 도피, 객관적상관물의 발견, 폭력적 결합이란 시학으로 연계해 제시할 수도 있고, 뉴크리티시즘의 시법으로는 형이상시법인 양극화나 펀, 지적조작과 같은 컨시트에 연계시킬 수도 있을 것으로 본다. 그런가 하면 시는 사물로 쓴다는 사르트르의 지론과도 맥락을 잇대어 볼 수 있다.

이런 말들을 시집 평설 모두에 얹는 것은 이론을 위한 이론이 아니고 허혜숙 시인이 새로운 시적 출발을 다짐하고 있다고 여겨져 도움이 될 듯싶어 관심의 환기를 위해 곁들인다는 점을 밝혀두면서 몇 마디 당부도 곁들여 보기로 한다.

첫째 허혜숙 시인은 지금까지 써왔던 정서위주나 관념위주의 시적 태도에서 사물위주의 시법으로 전환이 필요하다는 점을 지적해 두고 싶다. 그 이유는 정서나 관념을 형상화하기 위해서는 객관적상관물을 발견해야 되고, 그랬을 때만이 정서나 관념이 이미지로 재구성돼 현대시가 요구하는 현대시법에의 충실을 기할 수 있기 때문이다.
 둘째 컨시트에 대한 관심의 환기를 권하고 싶다. 착상이 기발하지 않으면 아무리 형상화로 재구성했다고 해도 참신하고 신선함이 수반되지 못해 낡은 정서나 관념에서 일탈할 수 없게 된다.
 셋째 지적조작에 도전할 것을 권하고 싶다. 지적조작은 일종의 위트의 순발력이다. 순간적 이동이나 전환의 순발력이 체험하게 하는 번뜩인 지적 광체는 컨시트만이 이끌어낼 수 있는 스파크다. 그리고 지적 광체는 치환이나 병치가 개입하지 않고는 성립될 수 없는 시적 메타포의 역할에 의해 획득되게 된다.
 이상의 세 가지에 관심하면서 시의 변신을 꾀한다면 현대시법에의 충실이 되고, 충실은 허혜숙 시인의 시를 현대시의 반열에 올려놓는 위상제고에 기여할 것으로 믿고 권해본다.
 이쯤에서 시집으로 돌아가 보기로 한다.

3. 시에 방점이 찍힐 만한 미학들

 시집 『피는 꽃 지는 꽃』의 시의 중심에 놓일 수 있는 것이 있다면 두 가지로 요약해 제시할 수 있을 것으로 본다. 하나는 많은 시편들이 내적동경(內的憧憬)의 산물이란 점이고, 다른 하나는 양극화의 시법이다.

  내적동경은 주로 사랑을 주제화했을 때 이상화되는 사랑의 미화다. 이때의 미화는 달리 이상화라고 해도 무방할 것이다. 동경이란 현실적 세계보다 정신적이고도 초월된 세계에의 지향이다. 그 때문에 초절경이 될 수도 있고 고양된 절대화로 미화되기 마련이다.

  허혜숙 시에서의 내적동경은 상실해 버린 사랑에의 보상성에서 미화된 사랑인 듯싶다. 그것은 사별이란 아픔으로 일치할 수 없는 아픔이나 슬픔을 아픔이나 슬픔을 넘어서 사랑의 승화로 일치시킴으로써 동경 지향에의 합일이고자 하는 내적 이상화로서의 사랑에서 시의 발상이 이루어지고 있기 때문이다.

  시를 제시, 구체화했을 때 이해를 도울 것으로 보고 제시해 본다.

  가) 가끔은
      돌부리에 치이고
      가끔은
      세찬 바람에 부딪히고

      혹독한 세파에

내 알몸 던져놓고
나는 온몸으로
맞고 있는 것이다

내 고통 중에
위로할 자 없고

원한다고 이루어진 일 없고
버린다고 잊혀질 일 없거늘
외로운 이 길을
홀로 가는 것이다

나) 종일 벙어리처럼
   입 다물고 머릿속에
   수많은 생각만 가득한데
   가끔은 두렵다
   외로움에 떠는 내 모습이

   내 자신을 자책하지 말자
   선한 싸움을 해야지
   세월은 자꾸 설움의 날로 쌓여 가는데

즐거웠던 그때를 기억하자
환한 미소 띤 내 얼굴을 기억하자
즐거운 표정보다 무표정한 날이 더 많을지라도

사랑할 사람은 많으나
나를 사랑해 주는 사람 없을지라도
세월이란 수레바퀴 돌릴 때마다
그리운 추억 하나씩 묻어가면서
나 혼자서 울고 웃기를 반복하는 것이다

 예시 가)는 「홀로 가는 길」, 나)는 「혼자라는 것」의 각각 전문이다. 예시가 말해주고 있듯이 '홀로'나 '혼자'는 단독자의식이다. 허혜숙 시인의 경우엔 부군과의 사별에서 체험하는 단독자의식이다. 그래서 '혹독한 세파에/내 몸을 던져놓고/나는 온몸으로/맞고' 있을 수밖에 없고, 외로운 길을 '홀로' 갈 수밖에 없게 된다. 예시 가)가 말해주고 있는 '외로움'의 존재나, '홀로 가는' 존재는 표현은 달라도 단독자를 의미하게 된다.
 예시 나)에서의 시행 '외로움에 떠는 내 모습'이나 '나 혼자서 울고 웃기를 반복하는' 것도 단독자의식이다. 두 예시가 말해주고 있는 '외로움'이나 '혼자서 울고 웃는' 단독자로서의 화자는 필연이고자 하는 몸부림이 수반되지만 이미 대자적 대상이었던 상대는 사별로 운명을 달리한 상태다. 잇대일 대상이 없는 즉자의 우연성을 극복하지 못함으로써 피투된 존재를 감내해야 한다. 이것이 단독자다.

  단독자는 외로운 존재로써 어떤 대상과의 대자적 필연성을 고리로 걸어야 하는데 그것이 합일지향이다. 합일지향은 하나로써 동일성을 성립시키거나 합일로써 하나가 되기를 희망하는 일종의 동경이고, 이때의 동경은 상실해버린 것에의 보상을 바라는 결속성을 요구한다. 가버린 대상, 상실해버린 보상성 지향으로 외로운 단독자의식을 승화시킨 것이 내적동경이다. 내적동경은 사랑의 경우 이성을 애인, 애인을 마리아로 점층적으로 이상화함으로써 만족하고자 하는 낭만적 동경이 지향하는 합일지향을 필연화한다. 시를 제시해 본다.

  가) 천상의 목소리를 듣고 싶어
     나의 고통을 허공에 외쳐댑니다
     소근대던 당신의
     목소리 듣고 싶다고

     내 마음 한 켠 자리 잡고
     떠날 줄 모르는 당신을

불러 보지만 대답 없는 당신은
오늘도 메아리 되어
다시 돌아오고

번지수가 잘못된 나의 외침을
알 리 없는 당신은
오늘도 그리움만 하나 가득
선물하고 떠날 줄 모르는데

가슴에 든 멍 자국 부여잡고
다시 한번 외치기를
보고 싶다 듣고 싶다고

나) 내 마음속 한 켠에
남아 있는 한마디
보고 싶다고 보고 싶다고

내 이름 석 자 기억할 이유 없어도
내 얼굴 기억할 이유 없어도
행복했으면 좋겠어
사랑했으면 좋겠어

내가 간직한 그리움 하나
버리지 못하고 간직한 이유는
사랑하기 때문이야
보고 싶기 때문이야

인연이란 소중함 속에
기억하고 싶어서
그리운 말 한마디
보고 싶다 보고 싶다
혼잣말로 중얼거리며

 예시 가)는 「천상의 목소리」, 나)는 「그리운 말 한마디」 의 각각 전문이다. 예시 가)에서의 시행 '천상의 목소리를 듣고 싶어'는, 소천한 남편의 목소리를 듣고 싶어 하는 외로움을 천상의 목소리로 이끌어 올려 승화시킴으로써 이상화를 통해 그리움과 듣고 싶음을 이완하려는 보상행위로서의 내적동경이다.
 '보고' 싶고 '듣고' 싶은 얼굴과 목소리는 외쳐보고 외쳐봐도 '메아리 되어/다시 돌아올' 뿐인 허무로 감겨 아픔과 슬픔과 그리움으로 감기면서 보고 싶음과 듣고 싶음에 대한 외로움을 배가시킨다. 이 배가되어 견딜 수 없는 아픔과 슬픔을 천상의 목소리로 승화, 상승지향시킴으로써 해소하고자 하는 디펜스 메커니즘이 내적동경으로서 예시 가)는 이를 말해준 것이 된다.

예시 나)도 표현은 달리해도 같은 맥락성에 잇대어 있다. 끝내 지워버리지도 접어버릴 수도 없어 '내 몸 한 켠'에 간직한 채 보고 싶은 얼굴, 그래서 '내가 간직한 그리움 하나'가 되어 버린 보고픔을 '사랑하기 때문'이란 보상성 승화로 이상화함으로써 보고 싶음을 사랑에 의탁, 상쇄시켜 버림으로써 극복하고 승화로 고양시킴으로써 자아구원이고자 하는 보상성 정신지향이 내적동경이다.

이러한 내적동경으로서의 합일지향이 시의 다른 모습으로 표출된 것이 양극화일 듯싶다.

4. 양극화의 시적 양태

양극화란 서로 상반된 두 개의 관념이나 정서, 또는 값어치를 나란히 병치, 모순과 대립과 갈등을 고조시켰다가 이를 극적인 합일로 결합, 해소시킴으로써 시적 효과를 극대화하는 컨시트의 한 양식이다. 그 때문에 대립과 갈등이 극대화할수록 시적 효과도, 결합의 밀도도 극대화하게 된다. 시에 있어서의 컨시트의 효용이 그러하고 레토릭으로서의 병치의 효과가 또한 그러하다.

이러한 시적 효용으로 작용할 수 있는 양극화는 허혜숙 시인의 시에 자주 발견되는 간과할 수 없는 시법의 하나다. 문제는 레토릭으로서의 양극화냐, 정신분석학으로 보는 양가치 현상이냐에 대한 견해로 달리할 수도 있을 것으로 보는데 필자의 생각으로는 후자적 견해가 더 설득력으로 작용할 듯싶다.

정신분석학에서 보는 양가치 현상은 서로 다른 두 값어치를 병렬한다는 점에서는 양극화와 같지만 그 목적에서는 시법으로서의 양극화는 대립과 갈등을 병치시켰다 해소함으로써 긴장의 이완이 체험하게 하는 카타르시스가 양극화의 시적 효용이라면 양가치 현상은 이것으로도 저것으로도 결정을 내리지 못했을 때 노출되는 정신외상의 한 양태라는 점이 서로 다르다.

시를 제시했을 때 이 점 시가 말해줄 것으로 보고 제시해본다.

> 비가 오는 날 나는 울었다
> 햇살이 화창한 날 나는 웃었다
> ― 「나의 노래·2」 2연

울고 싶어라
실컷 울어보자
웃고 싶어라 맘껏 웃어보자
                - 「아름다운 날에」 3연

인생의 수레바퀴
열심히 밟고 가는 나
슬플 때 서럽게 울고
기쁠 때 환하게 웃으며
                -「빈자리」 4연

꽃이 핀다는 것은
머지않아 꽃이 진다는
가슴 아픈 소식이지요
             - 「꽃이 핀다는 것은」 첫연

어떤 날은 기뻐서 날뛰고
어떤 날은 슬퍼서 날뛰고
             - 「나의 기도」 첫연

예시들이 보여주고 있는 상반의 대립성을 진열하고 있는

병치는 컨시트가 동원한 상반·상충의 대립항을 병치시켜 극적 화해나 결합으로 합일시킴으로써 카타르시스를 체험하게 하기보다는 대립되는 대립항을 대구 형식으로 진열한다는 점에서 컨시트의 개입이 빈약하고 단조롭다. 이 점에서 필자는 양극화라기보다 양가치 현상으로 보고 싶다.

양가치로 보는 또 하나의 이유인즉 예시가 보여준 대립항들이 '웃고', '웃는', '슬픔', '기쁨', '아픔'과 같은 정서적 대립항으로 되어 있어 전장의 내적동경과 맥락을 잇대이고 있다는 점에서 양가치 현상으로 보고 싶다. 문제는 양극화나 양가치에 있지 않고, 허혜숙 시인이 시법으로서의 양가치 현상을 컨시트로 이끌어내 지적조작으로 재구성했을 때 그중 시가 빛나는 지적조작에 값할 것이란 점이다. 그리고 이러한 양가치 현상으로서의 대립항 제시는 양극화로 가는 첩경이 되어줄 수 있다는 점에서 귀한 몫을 해주고 있다는 점이다.

5. 결어

이상의 조명은 허혜숙 시인의 두 번째 시집 『피는 꽃 지는 꽃』을 일별한 결과 얻어진 결과로서 앞으로 허혜숙 시인이 자기 변신을 통한 시적 위상제고의 도약대 역할을 할 수 있을 것이란 점에서 귀한 몫을 해줄 것으로 보고 또 기대한다.